Lib. 4º 1782

RAPPORT

FAIT

SUR LE C^{en}. CHAUDOT, NOTAIRE,

E n l'assemblée générale de la section du Contrat-Social, en vertu de l'ARRETÉ par elle pris le 30 Ventôse, l'an 3e., portant, en outre, qu'il sera fait une Petition à la Convention nationale, pour lui demander la réhabilitation de la mémoire de ce citoyen.

PETITION FAITE A LA CONVENTION NATIONALE.

RÉPONSE DU PRÉSIDENT.

[illegible]

[illegible]

[illegible]
[illegible]
[illegible]
[illegible]
[illegible]
[illegible]

[illegible]

[illegible]

[illegible]

SECTION

DU

CONTRAT-SOCIAL.

EXTRAIT

Du procès-verbal de l'Assemblée générale de la Section du Contrat-Social.

Séance du 30 Ventose, an 3ᵉ. de la République Française, une et indivisible.

SUR la proposition d'un membre, unanimement appuyée par l'Assemblée générale, il a été arrêté qu'il seroit fait un rapport sur le jugement du citoyen Chaudot, et les circonstances qui l'ont accompagné, ainsi qu'une pétition à la Convention nationale, à l'effet d'obtenir la réhabilitation de la mémoire de ce citoyen.

L'Assemblée a, en conséquence, nommé une commission, composée des citoyens Valmalète, Gillet et Laurent, qu'elle a chargés de cet objet.

Pour extrait conforme,

LARSONNIER, *Président.*

VALMALETE, *Secrétaire.*

RAPPORT

Sur le citoyen CHAUDOT, *fait à l'Assemblée générale de la Section du Contrat - Social.*

CITOYENS,

En acceptant la mission dont vous nous avez chargés, nous avons moins suivi l'impulsion de notre zèle, que celle des motifs qui vous ont déterminés à donner à la mémoire du citoyen Chaudot, une nouvelle marque de votre sollicitude envers la vertu et l'innocence opprimées.

Il étoit digne d'une section qui, des premières, a fait justice de ses oppresseurs, de mettre la même activité et la même énergie à venger la mémoire des victimes de leur domination sanguinaire.

(5)

Le jugement du citoyen Chaudot, porte qu'il étoit convaincu d'avoir trahi sa patrie et d'avoir conspiré contr'elle. Quel est le monstre assez perfide, qui, connoissant le citoyen Chaudot, pourroit s'arrêter un instant à une calomnie aussi atroce ? Le citoyen Chaudot trahir sa patrie !.... lui qui en fut, dans tous les temps, le plus sincère ami et l'un des plus zélés soutiens ! Qu'il vous en souvienne, citoyens : c'est au milieu de vous, et c'est avec vous qu'il partagea les travaux de notre glorieuse révolution ; par vous, il fut nommé électeur de 1789 : il vous présida, le premier, dans les assemblées primaires, et son patriotisme fixant, dans tous les temps, votre attention, vous le nommâtes encore votre premier électeur de 1790. Uniquement occupé de la chose publique, lui consacrant tous ses momens et toutes ses facultés, il remplit successivement l'une des places de commissaire à l'administration des postes, et la place de garde des poudres de la commune. Poursuivant toujours la même carrière civique, il accepta la place d'assesseur de juge de paix, qu'il remplit avec la constance et le zèle qu'inspire une institution aussi sublime que celle de la justice de paix. Enfin, le corps municipal le nomma membre du

comité de bienfaisance de la ci-devant paroisse
Saint-Eustache ; il en fut le trésorier , et pendant deux ans et plus qu'il remplit cette place,
il y fut en avance de près de 20,000 liv. ,
dont il reste encore dû 6 à 7,000 liv. Ces
avances, dues à son généreux patriotisme ,
étoient employées aux moyens de suffire à la subsistance de près de trois mille infortunés. Arrive
le départ de nos frères pour les frontières ; il
fait aussitôt sa soumission de payer annuellement 600 livres aux femmes et enfans de ces
braves citoyens ; il s'engage enfin à payer particulièrement 300 liv. par an à la famille du
jeune Dardenne, l'un des volontaires ; c'est
ainsi que, sans cesse occupé de cette classe respectable d'infortunés, dont le soulagement fesoit
le premier soin de son existence , comme la
principale source de son bonheur, il n'attachoit
de prix à sa fortune , qu'autant qu'elle le mettoit à même de soulager ses frères ; *trop heureux,
disoit-il, de transmettre de bons exemples à
mes enfans , de mourir satisfait d'avoir été de
quelqu'utilité à mon pays, et d'emporter l'estime et l'amitié de mes concitoyens.* Ses vœux
sont remplis, à cet égard ; et déjà vous avez
témoigné unaniment que ses vertus avoient

trouvé dans vos cœurs la récompense qu'il devoit en attendre.

Après avoir rappelé à votre souvenir la conduite et les vertus civiques du citoyen Chaudot, nous allons vous présenter les faits notoirement connus, qui ont accompagné son jugement.

Suivant le rapport fait par Oudot à la Convention, le 29 Pluviose de l'an 2.e, au nom des comités de sûreté générale et de législation, réunis, sur le sursis accordé au citoyen Chaudot, le rapporteur des comités dit précisément que le citoyen Chaudot n'a point été déclaré coupable du premier chef d'accusation, et que sur le second et dernier chef, il n'a pas même été fait de questions aux jurés; mais, ajoute le rapporteur, en matière criminelle, tout est confié à la conscience du jury : et le jury a déclaré le citoyen Chaudot convaincu d'avoir trahi sa patrie, d'avoir conspiré contr'elle.

Il n'y avoit aucun délit; .... et cependant la conscience du jury lui a dit que le citoyen Chaudot étoit conspirateur !.... Conspirateur ! Combien ce mot, inventé par le crime, n'a-t-il pas fait immoler de victimes innocentes ?

Par quelle fatalité, étoit-il donc réservé à

l'infortuné Chaudot, d'en augmenter le nombre ? Quel est l'homme assez dénaturé qui a pu influencer le jury ? Quel est le monstre assez barbare qui a pu sacrifier un patriote innocent ? Ce monstre !.... le glaive de la loi en a fait justice, à l'époque du 9 Thermidor ; .... c'est COFFINAL, président alors du tribunal révolutionnaire.

C'est ici le moment de fixer votre attention : vous allez reconnoître l'assemblage de tous les crimes ligués contre l'innocence et la vertu.

Le citoyen Chaudot, en sa qualité de notaire, avoit la confiance des héritiers du citoyen Bataille, qui avoit été son client ; il avoit fait l'inventaire après son décès ; dans le cours de cet inventaire, un ci-devant comte, du Mesnil-Simon, se présenta comme créancier d'une somme de 80,000 liv., montant d'un billet qu'il prétendoit avoir été souscrit par ledit citoyen Bataille, et en demanda paiement. Le citoyen Chaudot, qui connoissoit du Mesnil-Simon pour un escroc et un intrigant, prévint le tuteur, et lui conseilla de mettre la plus grande circonspection à faire ce paiement. En effet, le billet vérifié est reconnu faux : et c'est le citoyen Chaudot, dont l'âme pure ne composoit jamais avec le crime, qui avoit conseillé l'inscription de faux , quoique Mesnil-Simon, sous les dehors du désintéressement , offrit de réduire sa créance à 20,000 liv. seulement.

L'affaire est instruite , et est portée au tribunal du premier arrondissement, dont le citoyen Millet étoit alors président. Mesnil-Simon et ses complices avoient pour défenseur l'infâme Coffinal. Le citoyen Faure , commissaire national de ce tribunal , trouve, en examinant cette affaire, une correspondance dés faussaires entr'eux , et des faussaires à Coffinal leur ami, qui jetoit le plus grand jour sur la fausseté du billet , indépendamment du rapport des experts qui l'avoient reconnu tel.

Cette correspondance étoit demeurée , par inadvertance, dans le dossier de Coffinal, et il n'étoit pas possible de se dissimuler d'après elle , que c'étoit sciemment et avec l'intention du crime que Coffinal défendoit ces faussaires.

Le commissaire national requis , et le tribunal ordonna , que cette correspondance seroit extraite du dossier où elle avoit été trouvée , et déposée au greffe , afin d'assurer d'autant plus la justice qu'il venoit de rendre aux héritiers Bataille.

C'est cet odieux procès qui fut la cause secrète de la mort de l'infortuné Chaudot ; c'est à ce procès encore que les citoyens Millet et Faure ont dû leur incarcération ; ils ne sont sortis qu'après le 9 Thermidor ; et c'est en recouvrant leur liberté qu'ils ont acquis l'assurance que leur arrestation et leur perte n'avoient été commandées par Coffinal que pour ensevelir le secret qu'ils avoient pénétré de toute son immoralité.

Dans ces entrefaites, du Mesnil-Simon fut traduit au tribunal criminel, comme prévenu de contrefaction de papiers nationaux, et de fabrication de fausse lettre de change, notamment du billet de 80,000 liv. L'acte d'accusation étoit à peine achevé, que Coffinal, qui prévoyoit le moment où ses crimes alloient être découverts par l'instruction de ce procès, fit traduire du Mesnil-Simon au tribunal révolutionnaire, et le fit comprendre parmi les victimes qui ont été exécutées avec l'infortunée fille Renaut.

Le citoyen Chaudot, qui avoit appelé l'attention et la défiance sur le billet de du Mesnil-Simon, et qui, conséquemment, avoit fixé le regard de la justice sur la complicité acquise contre Coffinal, se trouve, relativement à l'affaire du citoyen Brichard, notaire, traduit au tribunal de sang que présidoit Coffinal. Ce monstre n'apperçut pas plutôt l'infortuné Chaudot, qu'il conçut le projet abominable d'employer tous les moyens qui pourroient dépendre de lui pour le sacrifier promptement à sa vengeance et à sa sûreté.

Mais le citoyen Chaudot n'étoit coupable d'aucun délit ; il n'existoit rien qui pût porter atteinte ni à son moral ni à son civisme. Son innocence et ses vertus alloient enfin triompher si l'infâme Coffinal n'avoit trouvé de nouvelles ressources dans les immenses ramifications de la tyrannie qui nous opprimoit.

L'accusateur Fouquier vint au secours de Coffinal ; il étoit sûr de trouver, dans le comité révolutionnaire de la section, un instrument infaillible de la perte du citoyen Chaudot ; en conséquence, le 24 Pluviôse, ce comité fut consulté sur le moral du citoyen Chaudot, et le même jour il fit parvenir, à Fouquier, un arrêté, signé, *Matras*, *Robert*, *Privé*, *Grainville*, *Potet*, *Petit*, *Moreau* et *Mignard*, qui porte « que si on peut juger » du patriotisme de Chaudot par les fréquens dons » qu'il a pu faire, il peut avoir quelque droit » à être révolutionnaire ; *mais qu'eux, ils se gar-* » *deroient bien de l'affirmer..* » Cet arrêté aussitôt communiqué au tribunal, le jugement fut prononcé et la vertu fut condamnée à périr sur l'échafaud.

Le civisme et l'innocence du citoyen Chaudot vous étoient déjà bien connus, et vous ne dou-

tiez d'aucune des vérités que nous venons de
vous rappeler. Aussi, n'avez-vous pas été surpris
que les hommes de sang qui dominoient la Convention, accessibles, un instant, à un sentiment
de pudeur commandé par la réputation dont jouis-
soit le citoyen Chaudot, pussent céder au sursis
qui avoit été demandé ? Mais . . . . le 9 Thermidor n'étoit pas encore arrivé ; et arracher, à cette
époque, un innocent du tribunal révolutionnaire,
c'étoit présenter une digue impuissante au torrent
dévastateur dans sa force. Le sursis fut donc levé
par un décret précédé d'un rapport dont les con-
séquences sont dignes des principes qui dominoient alors. . . . Vainement GUFFROY, ce digne
représentant , eut - il le courage de combattre le
projet de décret en s'appuyant *sur la moralité du
citoyen Chaudot et sur les traits de civisme qui
le caractérisoient* ; vainement représenta-t-il *que
le gouvernement révolutionnaire devoit reposer
sur deux bases, la vertu et la terreur, et que la
Convention ne devoit être guidée dans cette cir-
cstan ce, que pa r celui de ces deux principes qui
est le plus doux à son cœur, la vertu.* La vertu ! .
ah ! Guffroy ! tu parlois d'après ton cœur ! Ce
sentiment proscrit alors, seroit digne aujour-
d'hui de tous tes collègues ; aujourd'hui ce même
langage attendriroit leur ame, et cet attendrisse-

ment ne seroit point infructueux ; . . . . aujour-
d'hui le vertueux Chaudot reparoîtroit au milieu
de nous ; . . . . . nous jouirions du bonheur de
presser dans nos bras un ami et un zélé com-
pagnon de nos travaux . . . . . tandis que nous
n'appercevons plus que son ombre sanglante en-
vironnée de toutes ses vertus.

Le représentant Guffroy voulut persister ; . . .
mais sa voix fut étouffée, et le projet de décret fut
adopté. Il ne resta à ce courageux défenseur de
l'innocence, qui concluoit *à ce que le citoyen*
Chaudot fût déchargé d'accusation et mis en liberté,
que la douleur de voir sa demande rejetée, la
gloire d'être expulsé des jacobins, et l'honneur
d'être compris au nombre des proscrits. . . . .

Tu fus proscrit, BRAVE GUFFROY . . . . pour
avoir défendu la vertu et le patriotisme opprimés ! . . . . Ah ! sans doute tu méritois la haine
d'une tyrannie que tu avois pu signaler ! Tu fus
proscrit pour avoir voulu sauver Chaudot ; et
par cet acte de dévouement, tu as eu pendant
long-temps, suspendu sur ta tête, le glaive que
tu voulois écarter de la sienne. Puisse le souvenir d'une aussi belle action, soulager celui
de ton malheur ! puissent les sentimens d'admi-
ration, de reconnoissance et de sensibilité que
tu as jetés dans l'ame de sa famille infortunée,

et de tous les citoyens de la section du Contrat-Social, être pour toi un dédommagement des maux que ton dévouement a attirés sur toi !

Mais, imposons silence aux sentimens brûlans dont notre ame est pénétrée à la vue de tant d'héroïsme d'un côté, et d'une si grande injustice de l'autre ; que le sentiment se taise, pour ne laisser parler que la froide vérité : elle seule a présidé au rapport que nous avons été chargés de faire ; nous pensons qu'il suffira pour vous convaincre que le citoyen Chaudot a péri victime de l'horrible tyrannie qui nous a opprimés pendant dix-huit mois, et qu'il étoit digne de l'hommage que vous avez rendu à son civisme et à son innocence, en arrêtant, dans votre séance du 30 Ventôse dernier, qu'il seroit fait une pétition au nom de la section, pour demander à la Convention nationale la réhabilitation de sa mémoire. Ce tribut que vous a dicté le sentiment de justice qui vous anime, rend à la société un nom cher et respectable, dont le souvenir rappellera toujours aux ames sensibles le modèle des vertus.

VALMALETE, LAURENT, GILLET, *commissaires.*

EXTRAIT

Du procès-verbal de la séance du 30 Germinal, an troisième de la République française une et indivisible.

L'ASSEMBLÉE générale, après avoir entendu le rapport de la commission qu'elle avoit nommée par son arrêté du 30 Ventôse dernier, relativement au citoyen Chaudot, a arrêté à l'unanimité qu'elle adopte ledit rapport dans tout son contenu ; qu'il restera annexé à la minute du procès-verbal de la séance de ce jour, après avoir été signé et paraphé de son secrétaire ; et qu'en confirmant son arrêté dudit jour 30 Ventôse, qui porte qu'il sera fait une pétition à la Convention nationale, pour demander la réhabilitation de la mémoire du citoyen Chaudot, le secrétaire est autorisé à délivrer copie dudit rapport, pour être joint à la pétition qu'elle a également adopté, et pour la lecture en être faite à la Convention nationale.

L'assemblée a en conséquence nommé pour ses commissaires qu'elle charge de présenter la-

dite pétition, en son nom, à la Convention nationale, les citoyens Laurent, Poupart, Montaut,
Gittard, Valmalete, Caffar, Larsonnier, Lom-
bard, Gillet, Pomerot, Bastard, et Caffin.

THOMAS, *président*; GITTARD, *secrétaire.*

PETITION

A LA

CONVENTION NATIONALE.

Citoyens representans,

Toujours attentive au cours trop varié de vos travaux, de vos dangers et de votre gloire, la section du Contrat-Social vient applaudir, d'une manière digne de vous, aux dispositions justes et bienfaisantes par lesquelles vous cicatrisez, autant qu'il est possible, les plaies faites aux familles par un tribunal de sang, vendu à la tyrannie, qui vous opprima et que vous avez abattue. Oui, la seule manière d'applaudir à votre justice, c'est de vous offrir une nouvelle occasion de l'exercer. Pénétrée de cette vérité, la section du Contrat-Social vient fixer un instant votre attention sur la mémoire d'un homme qui mérita bien d'être persécuté, lorsque le crime et la tyrannie avoient déclaré et faisoient une guerre à mort au patriotisme et à la vertu; nous venons rappeler à votre souvenir un homme qui eut deux fois à souffrir les angoises de la mort, un homme que votre humanité et votre justice voulurent en vain arracher à l'échafaud, et dont vous ne pûtes que suspendre le supplice..... Vos cœurs ont déjà nommé le citoyen Chaudot. Oui, citoyens représentans, c'est le citoyen Chaudot, notaire, dont la section du Contrat-Social vient vous demander la réhabilitation. Sa réhabilitation existe dans l'ame des citoyens composant la section du Contrat-Social, qui ont été témoins de son constant patriotisme et de son généreux dévoûment à la chose publique. La réhabilitation du citoyen Chaudot est faite dans le cœur de tous les Parisiens, pour qui le sursis que vous accordâtes à son jugement, fut une fête, pour qui le supplice de Chaudot fut une calamité. Sa réhabilitation est consacrée par le rapport même qui vous fut fait, au nom des comités réunis de sûreté générale et de législation, rapport d'après lequel il est démontré que Chaudot, quoique déchargé des faits portés en son acte d'accusation, a été condamné par la conscience du jury, comme auteur d'une conspiration. Ainsi Chaudot a été la première victime des conspirations qui n'ont existé que dans la conscience des jurés conspirateurs. La réhabilitation de Chaudot existe enfin dans vos cœurs, et nous venons vous demander de la prononcer. Ce nouvel acte de votre justice, en versant un beaume consolateur sur l'ame affligée des citoyens composant la section du Contrat-Social, sera une preuve de plus que vous travaillez, sans relâche, à consolider le bonheur de la France, sur les bases éternelles de la justice et de l'humanité.

RÉPONSE DU PRÉSIDENT.

LA tyrannie n'a jamais qu'un but, c'est de se perpétuer et de s'accroître ; elle redoute les talens et la vertu, et c'est pour cela qu'elle s'efforce de les annéantir d'avance. Celle que nous avons détruite, après avoir été si cruellement opprimés par elle, poursuivoit avec fureur et persécutoit avec rage tous les genres de mérite ; l'infortuné dont vous venez nous entretenir, et dont la mémoire est si justement honorée par vos éloges, étoit vertueux, patriote, bon mari et bon père. La mort fut un hommage que lui rendirent, en le poursuivant, les scélérats qui le frappèrent ; vous venez réclamer sa réhabili-